À

....

De

....

Dans la même collection :

Un amour de maman

Ces mamans extraordinaires

Je t'aime papa

Le grand amour

Le petit livre des remerciements dans la joie et la gratitude

AMIS pour la vie

42 FAÇONS DE CÉLÉBRER L'AMITIÉ, LA FIDÉLITÉ ET LE PLAISIR D'ÊTRE ENSEMBLE

ANNE ROGERS SMYTH

EDITIONS WHITE STAR

Titre original : *Friends Forever - 42 Ways to Celebrate Love, Loyalty, and Togetherness*

Publié en France par les

EDITIONS WHITE STAR

WS Editions White Star™ est une marque déposée,
propriété exclusive de White Star s.r.l.

White Star s.r.l.
Piazzale Luigi Cadorna 6
20123 Milan, Italie
www.whitestar.it

Traduction: Editext - www.editext.it (Marie Kastner-Uomini)

ISBN 978-88-6112-952-8
Dépôt légal : Mai 2017
1 2 3 4 5 6 21 20 19 18 17

Imprimé en Croatie

Maquette : Melissa Farris

À mes amis les plus chers,
voisins ou lointains,
qui embellissent ma vie.

Le véritable ami **nous soutient** toujours quoi qu'il arrive.

Même si le koala est souvent assimilé à un ourson, ce tendre animal est un marsupial, un mammifère doté d'une poche dans laquelle il continue de transporter ses petits pendant leurs six premiers mois.

La compagnie d'un ami
donne des couleurs à la vie.

La rainette aux yeux rouges utilise ses couleurs - le bleu et le jaune de ses flancs, l'orange de ses doigts et le vert fluorescent de son corps - pour déstabiliser ses prédateurs.

Bien que différents,
les vrais amis voient
les choses de la même façon.

Malgré leurs tailles variées, tous les chiens sont issus du loup gris. Leur diversification est due aux hommes qui les ont domestiqués pour leur faire accomplir toutes sortes de tâches.

Avec un ami à ses côtés,
on se tire plus facilement
des situations embarrassantes.

Aucun tigre ne présente les mêmes rayures. Les motifs du pelage varient aussi d'une sous-espèce à l'autre.

La loyauté **est le ciment** qui soude l'amitié.

Le système nerveux très développé des chevaux, leur odorat et leur ouïe très fins leur permettent de retrouver le chemin de la maison même après une absence prolongée.

Pour nous aider,
un ami n'hésite pas
à **aller à contre-courant.**

Grâce à leur peau épaisse, à leur corps trapu et à leurs défenses, les porcs sont réputés pour leur capacité à se procurer de la nourriture et à survivre dans pratiquement tous les milieux.

Les oreilles des éléphants dissipent la chaleur, régulant ainsi la température du corps.
Mais, en cas de fortes températures, ils utilisent leurs trompes pour aspirer l'eau avant de s'en asperger.

En cas de besoin, un ami peut aider à **se rafraîchir les idées.**

Il n'y a rien de pire que de voir
dans les yeux d'un ami
qu'il a passé une mauvaise journée.

Les alpagas vivent dans des groupes qui se comportent comme des familles, se protégeant et prenant soin les uns des autres. Souvent, ils « murmurent » pour communiquer.

Pour
une bonne décompression,
rien ne vaut de se détendre
entre amis.

Les ours polaires dorment sept à huit heures d'affilée et font des petits sommes partout et à tout moment pour économiser leur énergie, surtout après les repas.

Seul un véritable ami connaît
toutes nos facettes.

Les caméléons changent de couleur, moins pour se fondre dans leur environnement que pour communiquer avec leurs congénères, suscitant émotions et réactions.

Le véritable ami est notre
meilleur complice.

Les poules de race Moroseta sont célèbres pour leur insolite plumage, doux et moelleux. Dociles et amicales, elles font d'excellents animaux de compagnie.

Quand
nous sommes enlisés,
le véritable ami
vient à la rescousse.

Outre la recherche de prairies herbeuses, la vache, curieuse par nature, tente de repérer ce qui il y a de nouveau ou de différent dans son environnement.

Le véritable ami est une **âme sœur inespérée.**

Comme son ami le chien, le cerf à queue blanche agite la queue en cas de danger. Connu pour sa vitesse et sa remarquable agilité, il peut faire des bonds de trois mètres.

Le véritable ami **se tient à nos côtés** jusqu'à ce qu'on ait besoin de lui.

Un panda passe la moitié de sa journée à manger (12 heures sur 24). Pour satisfaire ses besoins alimentaires, il doit consommer près de 12,5 kilos de bambous par jour.

Si on a l'impression de marcher sur la tête,
le véritable ami nous aide
à changer de perspective.

Le renard volant, l'une des rares espèces de chauve-souris ne possédant pas de système d'écholocation, se fie à ses énormes yeux pour s'orienter au crépuscule à l'intérieur des grottes ou dans la forêt.

Le véritable ami n'a pas besoin
de mots pour communiquer,
il dit tout **en un regard**.

Les sociables tisserins construisent leurs nids en tissant des structures élaborées et nombreuses, reliées les unes aux autres.

Lorsqu'on a besoin
de parler, le véritable ami
est toujours **tout ouïe**.

Les lapins, auxquels leurs grandes oreilles confèrent une ouïe remarquable,
sont plutôt silencieux et savent donc mieux écouter.

Le véritable ami nous oriente toujours dans **la bonne direction.**

Gracieux et élancés, les poissons-papillons nagent à proximité de la barrière de corail, exploitant les courants chauds.

Le véritable ami
comprend la plaisanterie.

Les plumes blanches du harfang des neiges lui permettent de se dissimuler dans son habitat arctique, même si seuls les mâles sont entièrement blancs.
Les femelles sont grisées avec quelques taches plus sombres.

Le véritable ami admet

les points de vue différents.

Chasseurs remarquables, les écureuils américains sont toujours en quête d'insectes, de noix, de baies, de graines et de grains, qu'ils accumulent dans leurs abajoues afin de les transporter jusqu'à leurs cachettes pour constituer leurs réserves de nourriture.

Le véritable ami
protège toujours nos arrières.

Les girafes, les plus grands mammifères du monde, se déplacent en petits groupes de cinq ou six, passant la majeure partie de leur temps à manger.

Quoi qu'il arrive, le véritable ami
ne nous laisse jamais sombrer.

Grâce à une colonne vertébrale soutenue par des muscles plus que par des tendons, les chats sont incroyablement souples et si bien coordonnés qu'ils retombent presque toujours sur leurs pattes.

Le véritable ami **prendra toujours des risques** pour nous.

Les pattes antérieures des ratons sont préhensiles - elles ressemblent aux mains humaines -, une caractéristique qui rend ces animaux particulièrement habiles à se procurer de la nourriture.

Un bon fou rire
crée un lien solide entre deux amis.

Les lions sont les seuls félins vivant en groupes.
Ce sont les lionnes qui chassent, s'alliant souvent pour capturer leurs proies.

Le véritable ami **chemine toujours avec nous.**

Pour supporter les températures glaciales, les pingouins se déplacent en groupe, chacun à son tour occupant le centre, relativement plus chaud.

Le véritable ami sait faire ressortir **notre douceur.**

Les moutons vivent en troupeaux, à proximité les uns des autres.
Ils suivent souvent un leader et se déplacent en masses compactes.

Lorsqu'on **perd la tête**,
le véritable ami sait toujours
ce qu'il faut faire.

La mante, dont le nom grec signifie « prophétesse », doit son nom aux pouvoirs divinatoires que lui attribuaient les Grecs de l'Antiquité.

Un peu de **légèreté** favorise l'amitié.

Vivant en groupes, les bélugas, très joueurs, font des bulles pour s'amuser.

Le véritable ami
sait garder nos secrets.

Les drills, primates menacés d'extinction, vivent en petits groupes formés d'un mâle dominant et d'une vingtaine de femelles. Parfois, des groupes s'unissent et peuvent compter une centaine de membres.

Le véritable ami est

le yin de notre yang.

Les zébrures du zèbre sont uniques, comme s'il s'agissait d'empreintes digitales. Il n'en existe pas deux pareilles et ces différences permettent sans doute à ces animaux de se reconnaître entre eux.

Le véritable ami s'élance
sans attendre
pour prendre notre parti.

Les kangourous vivent en groupes. Ils se déplacent en bondissant à l'aide de leurs puissantes pattes postérieures, dépassant les 55 km/h.

Jamais indiscret,
le véritable ami
pose toujours les bonnes questions.

Le gigantesque bec coloré du toucan a un rôle essentiellement esthétique. En effet, il s'agit d'un os creux doté d'une structure en nid d'abeille qui renferme beaucoup d'air.

Les bras d'un ami sont
le plus beau cadeau qui soit.

Les singes, qui papotent à voix basse, tirent la langue ou émettent des cris parfois stridents, utilisent aussi des formes de communication non verbales, en s'accroupissant les uns contre les autres ou en se caressant le visage pour montrer leurs émotions.

Il est facile de
se laisser aller avec ses amis.

Les loutres de mer flottent souvent sur l'eau. Elles s'enveloppent d'algues pour s'ancrer et se reposer tranquillement.

Se découvrir un ami
est la plus belle chose au monde.

La carapace rouge vif parsemée de points noirs de la coccinelle lui permet d'apparaître peu appétissante à ses prédateurs.

Le temps file
lorsqu'on parle avec un véritable ami.

Les macareux vivent en grandes colonies sur les côtes et dans les îles, tissant des liens durables. Les couples se retrouvent souvent chaque année au même endroit pour la nidification.

Le véritable ami rit avec nous et **de nous**.

Les gerbilles, qui ne tiennent pas en place, sont des terrassières hors pair. Dans la nature, elles créent des systèmes élaborés de galeries. Grâce à leur exceptionnel odorat, elles sont capables d'identifier les membres de leur famille.

Les véritables amis sont toujours **sur la même longueur d'onde.**

Un chameau particulièrement assoiffé peut boire plus de 110 litres d'eau en 13 minutes. Il boit bruyamment et conserve son stock d'eau pour plus tard quand il en aura besoin.

Le véritable ami sait
quand il faut **nous laisser tranquille.**

Les chihuahuas ont tendance à trembler lorsqu'ils sont excités ou effrayés. Loyaux et fiers, ils apprécient beaucoup la compagnie de leurs congénères.

Le véritable ami sait que
le bonheur est **dans le voyage**
et non dans la destination.

Le dynaste Hercule, conformément à son nom, est un scarabée capable de soulever 850 fois son propre poids.

Pleurer sur l'épaule d'un ami est
une véritable consolation.

Curieuses, extraordinairement agiles, les chèvres grimpent excellemment, même dans les arbres.

Le véritable ami sait
nous protéger
à n'importe quel prix.

Les suricates vivent dans de grands groupes dont certains membres servent de sentinelles, scrutant le ciel pour apercevoir des oiseaux prédateurs. En cas de danger, ils avisent les autres en poussant un cri perçant.

Crédits photographiques

Couverture, Stuart Westmorland/Getty Images ; quatrième de couverture, Image Source/Corbis ; 5, photodeti/iStockphoto; 8-9, Mitsuaki Iwago/Minden Pictures/National Geographic Creative; 10, Peter Reijners/Shutterstock; 13, Tetra Images/Corbis; 14-15, konmesa/Shutterstock; 16-17, gadagj/iStockphoto; 19, mikedabell/iStockphoto; 20-21, Johan Swanepoel/Shutterstock; 22, Alexandra Giese/Shutterstock; 24-25, JohnPitcher/iStockphoto; 27, Sebastian Duda/Shutterstock; 28, Jorge Salcedo/Shutterstock; 30-31, prestongeorge/iStockphoto; 33, Image Source/Corbis; 34-35, WILDLIFE GmbH/Alamy; 36, Universal Images Group Limited/Alamy; 39, Evan McBride/National Geographic Your Shot; 40-41, 4FR/iStockphoto; 42-43, Tim Laman/National Geographic Creative; 45, dean bertoncelj/Shutterstock; 46, Betsy Seeton/National Geographic Your Shot; 49, Anna Omelchenko/Shutterstock; 50-51, Konrad Wothe/Minden Pictures/National Geographic Creative; 52-53, Klein-Hubert/Kimball Stock; 55, Randy Rimland/Shutterstock; 56-57, kwest/Shutterstock; 58, tratong/Shutterstock; 61, gene1988/iStockphoto; 62-63, Hiroya Minakuchi/Minden Pictures/National Geographic Creative; 64, Joel Sartore/National Geographic Stock; 66-67, Bart Martens/Shutterstock; 68, Theo Allofs/Minden Pictures/Corbis; 70-71, holbox/Shutterstock; 73, Hung Chung Chih/Shutterstock; 74-75, Frans Lanting/National Geographic Creative; 76, zorani/iStockphoto; 79, RollingEarth/iStockphoto; 80, Coffeemill/Shutterstock; 82-83, Blend_Images/iStockphoto; 85, Annette Shaff/Shutterstock; 86-87, Nicolas Reusens; 88, aydinmutlu/iStockphoto; 90-91, Ocean/Corbis; 93, adogslifephoto/iStockphoto.